Libros del Centro de Investigaciones White

1

Consejos y Prácticas de Elena G. de White sobre el Diezmo

Una explicación breve y clara

Edición original

Roger Coon

Derechos de autor ©2024

LS Company

ISBN: 979-8-8692-5687-4

Contenido

Parte 1 — Preguntas sobre el Diezmo y la Ofrenda 5

Parte 2: Revisión de las declaraciones de Elena G. de White 23

I. Apropiación Indebida o Retención del Diezmo 23

   Problemas en Tiempos de Elena G. de White 23

   1. Dios bendice al Donante 24

   2. Hable con quien corresponda 25

   3. El Diezmo no debe Retenerse ni Desviarse 27

II. La Disposición de Diezmos y Ofrendas Usos Correctos e Incorrectos de los Fondos del Diezmo 29

   ¿Quiénes son los Ministros? 31

   El Alfolí 32

   Ofrendas 34

III. La Carta de Watson 37

La Obra Especial de Elena White 37

Dinero que no llegó a su Destino 39

El Incidente de Colorado 39

La Carta de Watson 40

El Apoyo de Elena White sólo a causas Reconocidas . 43

El Trabajo y las Luchas de la Sociedad 44

El Dinero de Colorado 44

El Sistema de Distribución del Diezmo 46

**TODAS LAS CITAS PROVIENEN DE LIBROS ORIGINALES EN INGLÉS

Parte 1—Preguntas sobre el Diezmo y la Ofrenda

Desde que Abraham pagó por primera vez el "diezmo" a Melquisedec -rey de Salem y sacerdote del Dios Altísimo (Génesis 14:18)-, los creyentes de todas las épocas han preguntado seriamente cómo calcular el propio diezmo, cuándo y dónde devolverlo a Dios, y para qué quiere Dios que se utilice el diezmo.

Son preguntas legítimas, y cada nueva generación debe buscar las respuestas por sí misma. El Antiguo Testamento da instrucciones claras sobre la devolución y el uso del diezmo. El Nuevo Testamento no da más explicaciones, excepto para refrendar la necesidad de pagar el diezmo. Así, la posición de la Iglesia Adventista del Séptimo Día sobre el diezmo se ha basado en los principios establecidos en el Antiguo Testamento, y su aplicación a una iglesia cristiana con ministros, no sacerdotes.

Específicamente, los adventistas se han esforzado por seguir los consejos de Elena de White, ya que ella ha aplicado las enseñanzas bíblicas a nuestros días. Por lo tanto, es apropiado que nos preguntemos cómo entendía la Sra. White el diezmo. Pero primero, repasemos la perspectiva bíblica sobre el diezmo.

El diezmo era la décima parte de los ingresos (Malaquías 3:7-10; Levítico 27:30, 32) que se devolvía a Dios en señal de lealtad y colaboración con Él. Dios era el propietario reconocido, los seres humanos los administradores de su propiedad. En tiempos de Malaquías, los diezmos se pagaban a los sacerdotes. Los diezmos se guardaban en un "almacén", un conjunto de habitaciones en el Templo de Jerusalén, ya que los diezmos se pagaban a menudo con productos agrícolas. Los diezmos eran el pago, o la herencia, para la tribu de Leví-aquellos que ministraban ante Dios en el Templo.

Dios dijo: "Traed todo el diezmo al alfolí, para que haya alimento en mi casa" (Malaquías 3:10, MV).

El diezmo del que se hablaba no era ni una "ofrenda" ni un "segundo diezmo" (una décima parte adicional que algunos israelitas apartaban como ofrenda), sino una décima parte completa de los propios ingresos que se entregaba a los sacerdotes.

Pregunta: Puesto que hoy no tenemos sacerdotes levitas, ¿para qué dice Elena de White que debe usarse el diezmo?

Respuesta: En la ampliación del consejo bíblico hecha por Elena de White, ella dice: "El diezmo es sagrado, reservado por Dios para sí mismo. Debe ser traído a su tesorería para ser usado para sostener a los obreros del evangelio en su trabajo".[1]

La Sra. White entendía que los "obreros evangélicos" apropiados que debían ser sostenidos por los fondos del diezmo incluían:

- Ministros e instructores bíblicos[2]

- Profesores de Biblia en nuestros centros educativos[3]

- Campos de misión necesitados (en Norteamérica y en el extranjero) [4]

---

[1] Manuscrito 83 de Ellen G. White, 1904, citado en Manuscript Releases 1:137.
[2] Evangelism, 492.
[3] Testimonies for the Church 6:215.
[4] Manuscrito 1 pág. 192.

- Ministros-médicos [5]

- Trabajadores evangélicos jubilados [6]

Indicó que algunas actividades religiosas y humanitarias que, "aunque buenas en sí mismas, no son el objeto al que el Señor ha dicho que debe aplicarse el diezmo".[7] Entre ellas:

- Cuidado de los pobres, los enfermos y los ancianos[8]

- Educación de estudiantes dignos y necesitados [9]

- Gastos de funcionamiento y otros gastos de las escuelas [10]

- Salarios de los evangelistas de la literatura[11]

- Gastos de una iglesia local[12]

- Edificios eclesiásticos o para necesidades institucionales, (como escuelas, hospitales y editoriales). [13]

- Trabajo misionero en nuevos lugares [14]

- Caridad y hospitalidad [15]

- Otros fines benévolos.[16]

---

[5] Ministry of Healing, 2.
[6] Manuscript Releases 1:189.
[7] Testimonies for the Church 9:248.
[8] Manuscript Releases 3:218; Counsels on Stewardship, 103.
[9] Manuscript Releases 1:99. 193. 194.
[10] Testimonies for the Church 9:248-50.
[11] Ibid.
[12] Counsels on Stewardship, 103. Testimonies for the Church 9:248: Manuscript Releases 1:191.
[13] Manuscript Releases 1:185, 191. Para un análisis más completo, véase Robert W. Olson, "Ellen G. White Comments on the Use of Tithe Funds", en "The History and Use of the Tithe", manuscrito inédito, Ellen G. White Estate, rev. ed., febrero, 1990, pp. 17-25.
[14] Ellen G. White Carta 103, 7 de abril de 1905; citada en Manuscript Releases 7:139.
[15] Patriarches and Prophets, 530.
[16] Education, 44.

Éstos deben cubrirse con ofrendas voluntarias dadas además del diezmo. La Sra. de White usaba a veces la expresión "segundo diezmo" como sinónimo de estas ofrendas. Pero nunca confundió el "segundo diezmo" con el diezmo regular.

Pregunta: ¿Realmente hace alguna diferencia a dónde envío mis diezmos y ofrendas? ¿Hay más de un "almacén" hoy en día?

Respuesta: Malaquías nos ordenó que enviáramos "todo el diezmo" al "alfolí", pero no dijo que todas las ofrendas también debían ir allí. Dios ha dejado que seamos nosotros quienes determinemos "cuánto", "dónde" y "qué" de nuestras ofrendas voluntarias. No así con el diezmo.

La Sra. White generalmente usaba la palabra "medios" como sinónimo de ofrendas. Y estas ofrendas -o "medios"- pueden depositarse en los canales de la iglesia, para ser gastados en proyectos meritorios no financiados directamente por la iglesia. Escribiendo a su hijo Edson, hablaba de tales ofrendas: "El Señor no ha especificado ningún canal regular por el que deban pasar los medios".[17]

Y, de nuevo, habló de ofrendas -no de diezmos- cuando en 1908 escribió "A los que tienen responsabilidades en Washington y otros centros": "El Señor trabaja a través de varias agencias. Si hay quienes desean entrar en nuevos campos y emprender nuevas líneas de trabajo, anímenlos a hacerlo..." Y añadió: "No os preocupéis de que algunos medios vayan a parar directamente a los que tratan de hacer la obra misionera de una manera tranquila y eficaz. No todos los

---

[17] Ellen G. White Carta 136, 14 de agosto de 1898. Se cita una variante en Spalding-Magan Collection, p. 498.

medios deben ser manejados por una sola agencia u organización". [18]

¿Pero el diezmo? Ese era otro asunto. En un mensaje leído ante los delegados de la Conferencia Estatal de San José, California, en enero de 1907, la Sra. White utilizó la palabra "*almacén*" una vez, obviamente para que sus oyentes entendieran el contexto de sus observaciones sobre el diezmo. Pero utilizó la palabra "tesoro" seis veces (y la expresión *"casa del tesoro de Dios"* una vez más) en estos comentarios. [19]

Un examen contextual de este mensaje, y de otros de contenido similar, muestra que para la Sra. White, "*tesorería*" o "*casa del tesoro*" eran sinónimos de la tesorería denominacional, ya fuera a nivel de la iglesia local, la conferencia local, la conferencia de unión, la división o la Asociación General.

Pregunta: ¿Debo pagar mi diezmo a una iglesia si creo que está en apostasía?

Respuesta: Hay una fina línea -pero significativa distinción- entre "*una iglesia en apostasía*" y "*apostasía en la iglesia*". Ninguna persona familiarizada con la Iglesia Adventista del Séptimo Día negaría que a lo largo de nuestra historia ha existido cierta apostasía en nuestras filas, y que existe aún hoy.

La Sra. White habla de un "zarandeo" final y cataclísmico que vendrá a la iglesia al final, en el cual muchos[20] serán sacudidos. Es muy posible que la sacudida "*final*" ya haya comenzado en algunos lugares.

---

[18] Ellen G. White Carta 32, 6 de enero de 1908, p. 6; citada en Spalding-Magan Collection, p. 421.
[19] Testimonies for the Church 9:245-251.
[20] Manuscript Releases 5:136.

Pero sugerir, como hacen algunos críticos, que la "*Iglesia está en apostasía*" hoy es tan irresponsable como altamente crítico.

¿Qué es la apostasía? La mayoría de los diccionarios religiosos la definen como el alejamiento de una doctrina o práctica pura. Pero, ¿quién define esa doctrina o práctica?

Algunos críticos sostienen hoy que "*la Iglesia está en apostasía*" porque no defiende su particular visión de la naturaleza humana de Cristo, siendo una teología de varias posturas.

Hay por lo menos tres puntos de vista sobre la naturaleza de Cristo corrientes en los círculos adventistas: (1) que en la encarnación Cristo tomó la naturaleza de Adán antes de la caída de Adán; (2) que tomó la naturaleza de Adán después de la caída; y (3) que tomó una naturaleza que en ciertos aspectos era como la de Adán antes de la caída, pero en otros aspectos era como la de Adán después de la caída.

Estos críticos creen en la segunda de estas opciones, y declaran que cualquier otra postura es "*apostasía*". Lo que no dicen es que un gran número de ministros adventistas, maestros de la Biblia y miembros de la iglesia, de igual formación y compromiso, adoptan hoy la tercera y no la segunda de estas posiciones.[21] ¿Por qué? Debido a (1) ciertas ambigüedades reconocidas tanto en las Escrituras como en los escritos de la Sra. White sobre la naturaleza humana de Jesús, y (2) algunas advertencias muy claras en el Espíritu de Profecía contra cualquier intento de humanizar totalmente a

---

[21] Véase, por ejemplo, Robert W. Olson, The Humanity of Christ, Pacific Press Publishing Assn., 1989, 32 pp.

Cristo.[22] Sin embargo, estos ministros, maestros y miembros adventistas creen con la misma certeza que el ejemplo de Cristo demuestra que es posible una vida de victoria sobre el pecado.

Los críticos tampoco aclaran que debido a estas ambigüedades y advertencias de la Sra. White, la iglesia nunca ha respaldado oficialmente ninguno de estos tres puntos de vista. Las posiciones doctrinales sólo pueden ser establecidas por la iglesia mundial en Sesión de la Conferencia General. Ni siquiera el Comité Ejecutivo de la Asociación General en sus sesiones regulares, y ciertamente no los miembros individuales o un "*ministerio independiente*", pueden definir la doctrina de la iglesia. Ya que la iglesia nunca ha definido esta cuestión teológica en particular, ¿cómo puede decirse que alguien en la iglesia (*mucho menos la iglesia misma*) está en apostasía debido a las posiciones tomadas sobre la naturaleza humana de Cristo?

La iglesia como cuerpo no está en apostasía (*aunque hay apostasía en la iglesia*). No sólo es apropiado, sino una obligación establecida por las Escrituras y por Elena de White que, como miembros de la iglesia, paguemos nuestros diezmos (sino nuestras ofrendas) a la tesorería de la iglesia.

Pregunta: ¿Incurro en culpa personal ante Dios si apoyo financieramente a una iglesia cuyos ministros podrían estar enseñando errores, malversando fondos de la iglesia o haciendo otras cosas incorrectas?

---

[22] Véanse, por ejemplo, ciertas declaraciones de Ellen White en The S. D. A. Bible Commentary 5:1128, 1129, 1131.

Respuesta: Jesús elogió a una viuda pobre por hacer un donativo a una organización religiosa que estaba a punto de ser rechazada por el cielo (Lucas 21:2-4).

La Sra. White enseñó que (1) incluso si el dinero de la iglesia fuera mal utilizado, el donante seguiría recibiendo la bendición de Dios[23] (2) cuando las cosas están mal en los niveles de liderazgo, tenemos el deber de hablar "*clara y abiertamente, con el espíritu correcto, y a los apropiados*"[24] y (3) todavía debemos pagar nuestros diezmos en la tesorería de la conferencia:

"Algunos se han sentido insatisfechos y han dicho: 'Ya no pagaré mi diezmo [en Su tesorería]; porque no tengo confianza en la forma en que se manejan las cosas en el corazón de la obra'. Pero, ¿vas a robar a Dios porque crees que la gestión de la obra no es correcta? Presenta tu queja... Envía tus peticiones para que las cosas sean ajustadas y puestas en orden; pero no te retires de la obra de Dios, y demuestres ser infiel, porque otros no están haciendo lo correcto."[25]

En 1890, la Sra. de White escribió más acerca de esta práctica errónea: "Vosotros que habéis estado reteniendo vuestros medios para la causa de Dios, leed el libro de Malaquías, y ved lo que allí se dice con respecto a los diezmos y las ofrendas. ¿No veis que bajo ninguna circunstancia es mejor retener vuestros diezmos y ofrendas porque no estáis en armonía con todo lo que hacen vuestros hermanos? Los diezmos y las ofrendas no son propiedad de nadie, sino que han de emplearse en hacer cierta obra para Dios. Los ministros indignos pueden recibir parte de los medios así recaudados;

---

[23] Testimonies for the Church 2:518, 519.
[24] Manuscript Releases 9:249.
[25] Ibíd, énfasis añadido.

pero ¿se atreve alguien, por esto, a retener de la tesorería y enfrentarse a la maldición de Dios? Yo no me atrevo. Yo pago mis diezmos alegre y libremente.

Si los asuntos de la Conferencia no se gestionan según el orden del Señor, ese es el pecado de los descarriados. El Señor no os hará responsables de ello, si hacéis lo posible por corregir el mal. Pero no cometáis pecado vosotros mismos reteniendo de Dios Su propia propiedad."[26]

Del contexto se desprende claramente que la Sra. White consideraba que la retención de los diezmos y ofrendas de la tesorería de la conferencia era un acto pecaminoso, y no se justificaba porque "*ministros indignos*" pudieran recibir parte de los fondos así depositados. Dios "*no te hace responsable*" de los pecados de los dirigentes de la iglesia, "*si haces lo que puedes para corregir el mal*".

Puede ser útil recordar que siempre ha habido diferencias doctrinales dentro de nuestra iglesia. Durante el período al que algunos se refieren como "*adventismo histórico*", Uriah Smith creía que Cristo era Dios, pero que no era eterno, y que el Padre era primero "*en punto de tiempo*": El Doctor John Harvey Kellogg sostenía ideas panteístas; y los líderes de la iglesia diferían sobre el significado del "*continuo*" en Daniel 8 y del "*rey del Norte*" en Daniel 11. Sin embargo, la Sra. White nunca instó a los miembros a retener sus diezmos de la tesorería denominacional porque algunos de nuestros líderes responsables eran "*indignos*".

Pregunta: Debido a que Ellen White no siempre enviaba su diezmo a través de la iglesia local y los canales de la conferencia, ¿estoy en libertad de seguir su ejemplo?

---

[26] An Appeal to Our Ministers and Conference Committees, 27; énfasis añadido.

Respuesta: Algunos ministerios independientes, en un esfuerzo por justificar que reciban y/o soliciten el diezmo a los miembros adventistas, han defendido su práctica sobre la base de que, a principios de siglo, la Sra. White utilizó parte de su diezmo para ayudar a los ministros blancos y negros -en su mayoría en los estados del Sur, que eran indigentes, y muchos de los cuales estaban jubilados.

Hay que tener en cuenta que en aquella época no existía ni un programa de jubilación confesional (antes llamado "*plan de sustentación*") ni todavía una pensión estatal para los jubilados (en Estados Unidos llamada Seguridad Social). El plan de jubilación de la Iglesia estaba todavía seis años en el futuro (y el Seguro Social estaba todavía a 30 años de distancia) cuando la Sra. White escribió una carta en 1905 a George F. Watson, presidente de la Conferencia de Colorado, sobre el uso ocasional que ella hacía de parte de su diezmo para necesidades especiales de la Iglesia.

Esta breve carta de siete párrafos puede leerse hoy íntegramente en la biografía de Arthur L. White sobre su abuela[27] -lo menciono porque algunas personas al reproducir la carta omiten frases como "*No aconsejaría que nadie tuviera por costumbre reunir el dinero del diezmo*".

¿Cuál es el trasfondo? El Presidente Watson acababa de descubrir que un representante de la Sociedad Misionera del Sur había llegado a su campo solicitando fondos para la muy necesitada empresa misionera. El representante había recibido unos 400 dólares de una iglesia, incluidos algunos diezmos. En su indignación, Watson estaba a punto de hacer

---
[27] Arthur L. White, Ellen G. White: The Early Elmshaven Years, 1900-1905, pp. 395, 396.

pública esta prominente violación del protocolo denominacional.

El 22 de enero de 1905, la Sra. White escribió a Watson, instándole a "*mantener la calma*" sobre el asunto. Mencionó que de vez en cuando había utilizado parte de su propio diezmo, así como el diezmo de algunos otros, para ayudar a ciertas personas que Dios le había señalado y que se encontraban en una situación financiera desesperada.

En esta carta y en un artículo publicado al año siguiente[28] - la Sra. White expuso estos puntos sobre su práctica:

1. Ella recibió instrucciones directas de Dios de ayudar a ciertos ministros adventistas negros y blancos indigentes.

2. Dios le ordenó que primero notificara la necesidad a los funcionarios de la conferencia y les instara a ayudar. Si no lo hacían, ella debía intervenir directamente con ayuda inmediata.

3. La situación era única, y lo subrayó con expresiones como "*mi trabajo especial*" y "*casos especiales*".

4. La Sra. White no quería que este proyecto especial se tomara como ejemplo o precedente, ya que Dios le había ordenado específicamente a ella sola que lo hiciera.

5. El dinero "*no fue retenido de la tesorería del Señor*" en el sentido de que estos diezmos fueron entregados a ministros de la Iglesia Adventista, ya sea empleados actualmente por la Sociedad Misionera del Sur (y por lo tanto portadores de credenciales ministeriales de la Conferencia General[29]) o

---

[28] Selected Messages 1:33, de Review & Herald, 26 de Julio de 1906.
[29] Southern Missionary Society", Enciclopedia Adventista del Séptimo Día, ed. rev., 1976, p. 1396.

jubilados y portadores de las credenciales "*honorarias*" que hoy tienen los ministros ASD jubilados en el plan de jubilación.

6. Señaló con agudeza: "*No aconsejaría que nadie hiciera la práctica de juntar el dinero del diezmo*".

De aquellos que hoy en día justifican su aceptación y/o solicitud del diezmo a sus compañeros de la iglesia ASD, bien podríamos preguntar:

1. ¿Los designó Dios directamente para la obra de recoger o aceptar estos diezmos?

2. ¿Existe hoy en día la situación que motivó su programa de emergencia a principios de siglo (o está anulada por las pensiones eclesiásticas y estatales de los trabajadores jubilados)?

3. Si la situación es la misma hoy que en 1905, ¿se pusieron primero en contacto con los funcionarios de la conferencia (*como era práctica constante de la Sra. White*), antes de seguir adelante por su cuenta para rectificar la situación?

4. ¿Están gastando el dinero del diezmo que recaudan para el mismo propósito que lo hizo Ellen White, principalmente ministros adventistas jubilados a las puertas de la pobreza?

5. ¿Los fondos que recaudan se destinan a una agencia reconocida de la organización de la Iglesia ASD y/o a trabajadores jubilados necesitados que estaban al servicio de la iglesia antes de jubilarse?

De nuevo, no hay constancia de que el dinero del diezmo de Ellen White fuera a parar a ninguna agencia o persona "*independiente*" fuera de las oficialmente respaldadas o patrocinadas por la Iglesia Adventista.

Pregunta: He oído decir que otras mujeres que se unieron a la Sra. White en su "proyecto del diezmo" para los ministros del Sur no enviaron su diezmo a través de la Sra. White sino que lo enviaron directamente a los ministros necesitados, y que ella debe haber aprobado tales acciones. ¿Es así?

Respuesta: No. Alberto Timm, director del Centro de Investigación Ellen G. White del Brazil College, preparó recientemente un importante trabajo de investigación doctoral en su programa de estudios de la Universidad Andrews sobre los usos especiales que la Sra. White da al diezmo. En él señala:

"Aunque no tenemos base para suponer que todos los diezmos privados enviados al campo del Sur fueron enviados bajo el consejo directo de Elena de White, es bastante evidente que ella prefería aceptar su diezmo, dar un recibo y enviarlo a donde creía que era más necesario, en lugar de permitir que los individuos lo aplicaran como creyeran que debían hacerlo. . ."[30]

De hecho, en la "Carta de Watson" la Sra. White declara francamente que (1) "*he tomado el dinero*", (2) llevaba un libro de recibos especial que utilizaba para reconocer y procesar estos fondos, y luego (3) se ponía en contacto con los donantes para decirles "*cómo se había apropiado*".

Pregunta: Recientemente escuché que hay un documento en los archivos del Patrimonio White, supuestamente escrito por W. C. White, A. G. Daniells y W. W. Prescott, que parece indicar que la posición de la Sra. White era que el diezmo

---

[30] Alberto Ronald Timm, "An Analysis of Four Statements of Ellen G. White on Special Uses of Tithe", trabajo de investigación de posgrado inédito, CHIS 673, S.D.A. Theological Seminary, Andrews University, abril, 1991, pág. 14 (el documento tiene 20 págs.).

adventista del séptimo día no siempre tenía que ser transmitido a través de los canales regulares de la iglesia. ¿Es esto cierto?

Respuesta: En el expediente DF 213 hay un memorándum mecanografiado de tres páginas que (1) no lleva fecha y (2) no contiene firmas, lo que sugiere que tal vez ésa era su postura. Pero el expediente también contiene una declaración del archivero del White Estate, Tim L. Poirier, que hace una advertencia sobre este documento anónimo:

"Antes de que se saquen conclusiones injustificadas, debe recordarse que el memorándum representa un esbozo de un enfoque sugerido para [responder] al mal uso que hace el Dr. Stewart de la carta de Elena White al hermano Watson. No se presenta ninguna declaración de Elena White para apoyar la respuesta planeada. En realidad, no se puede "*demostrar a partir de sus escritos*" lo que el memorándum parece sugerir. La carta a Watson es la única declaración de Ellen White a partir de la cual formaron su conclusión, y una lectura cuidadosa de la carta no sugiere una política tan laxa como la que esboza la respuesta planeada. Para ser justos con el comité, debe subrayarse que el memorándum, al ser notas presumiblemente preparadas para sus propios miembros, probablemente no sea una declaración completa y cuidadosamente redactada de las conclusiones de los miembros." [31]

Pero, aun así, en aras del argumento, supongamos que White, Daniells y Prescott fueron los autores. ¿Su proximidad a la profeta, fácilmente reconocida, garantizaría una

---

[31] [Timothy L. Poirier], "A Note Regarding the Document 'A Memorandum of Plans Agreed Upon in Dealing With The Blue Book'", documento inédito, Ellen G. White Estate Document File 213, p. 1.

interpretación infalible de su posición sobre la disposición adecuada del diezmo? No. Un incidente de nuestra historia denominacional temprana apoya esto.

Al menos en dos ocasiones al principio de su ministerio profético (en noviembre de 1846 y de nuevo en 1849), la Sra. White tuvo visiones de "*otros mundos*" habitados. En la primera, James White y Joseph Bates estaban entre los testigos.

A medida que ella describía un planeta tras otro, Bates -un capitán de barco retirado que era experto en navegación celeste- se emocionaba enormemente y ofrecía su identificación personal de cada uno de los cuerpos celestes a medida que la Sra. White los describía sucesivamente: Júpiter, Saturno y Urano.

Posteriormente, James White,[32] y el primer historiador del adventismo, J. N. Loughborough,[33] publicaron la historia de la visión, utilizando la identificación de Bates de los respectivos planetas vistos. (La propia Ellen ni entonces ni después intentó tal identificación, como señala el apologista F. D. Nichol).[34]

Hoy sabemos que Bates identificó los planetas equivocados, y James White y Loughborough perpetuaron esta aplicación errónea en la imprenta. Los tres estaban muy cerca de la Sra. White, ¡y los tres malinterpretaron una faceta importante de esta visión! La cercanía a un profeta no garantiza la corrección.

W. C. White, A. G. Daniells y W. W. Prescott pueden haber sido los autores de este memorándum anónimo en los archivos

---

[32] James White (ed.), A Word to the Little Flock, 22.
[33] J. N. Loughborough, Rise and Progress of Seventh Adventists, pág. 126, y su continuación, The Great Second Advent Movement, págs. 258,259.
[34] Francis D. Nichol, Ellen G. White and Her Critics, capítulo 7, pp. 91-101.

del White Estate. Pero el único camino seguro a seguir, en cuanto a la posición de la Sra. White sobre la cuestión del diezmo, es dejarla hablar por sí misma.

Y es un hecho innegable que la Sra. de White nunca aconsejó a nadie que colocara sus diezmos en ningún lugar excepto en la "*tesorería*" denominacional.

Pregunta: Recientemente leí que los líderes de la Iglesia Adventista del Séptimo Día están tratando de resolver su "*problema del diezmo*" "*aplastando*" y "*destruyendo*" ministerios independientes que están haciendo mucho bien. ¿Es esto cierto?

Respuesta: La respuesta es no. He aquí por qué:

1. La Conferencia General cree y apoya a aquellos "*ministerios independientes*" que buscan cooperar con la Iglesia en lugar de atacarla y trabajar en contra de sus propósitos.

La propia existencia de "Adventist-Laymen's Services and Industries" (ASI) como agencia oficial de servicios de la División Norteamericana de la iglesia[35] es en sí misma una prueba del alto valor que la denominación concede al "*trabajo autosuficiente*" legítimo y responsable.

2. Elena White también creía en el trabajo institucional leal y autosuficiente. De hecho, el único cargo oficial que se permitió aceptar en nuestra denominación fue el de miembro de la junta del Instituto Agrícola y Normal de Nashville (más

---

[35] Anuario Adventista del Séptimo Día, 1991, p. 21.

tarde conocido como Madison College), en Tennessee, desde 1904 hasta 1914.[36]

Su cuñado, Stephen Belden, fue misionero independiente en el Pacífico Sur. Y su hijo, Edson, pasó gran parte de su vida trabajando por su cuenta.

3. Los editores de la Adventist Review, el periódico general de la Iglesia Adventista, creen en el trabajo autosuficiente y responsable, y de vez en cuando presentan proyectos e instituciones. En diciembre de 1989, publicaron una serie de cuatro artículos en los que señalaban cómo identificar "*ministerios independientes*" dignos.[37]

Wayne Dull, presidente del Instituto Eden Valley (un centro de formación médico-misionera autosuficiente de Loveland, Colorado), caracterizó así a las organizaciones autosuficientes leales -otro término para describir a los "*ministerios independientes*"-:

1. Aceptan el reto de ejercer su ministerio como misioneros autosuficientes.

2. Están dispuestos a sacrificarse.

3. Unen sus esfuerzos a los de la Iglesia.

4. Ayudan a llevar el último mensaje de Dios al mundo.

5. Reconocen y respetan a la Iglesia.

---

[36] "Instituciones de Madison", Enciclopedia Adventista del Séptimo Día, ed. 1976, p.828: Arthur L. White, Ellen G. White: The Early Elmshaven Years, 1900-1905, p. 327.
[37] Joe Engelkemier, "Ministerios independientes: ¿Debemos apoyarlos?" Adventist Review, 7 de diciembre de 1989, pp. 10-12; "Independent Ministries: ¿Deben recibir el diezmo?", ibíd., pp. 11-13; "Ministerios independientes: ¿Deben cooperar con los líderes de la iglesia?", ibíd., pp. 16, 17; "Ministerios independientes: The Use and Misuse of the Straight Testimony", ibíd., pp. 13-15.

6. Serán equilibrados en principios y estilo de vida.

7. Traerán todos los diezmos al "*almacén*" designado por Dios.[38]

En conclusión, ¿no sería trágico además de irónico si, al final, descubriéramos tardíamente que aquellos que ahora adoptan la posición de que la iglesia ha apostatado eran ellos mismos culpables de apostasía al enseñar a otros que el "*almacén*" de Dios hoy en día es la tesorería de cualquier lugar donde se esté llevando a cabo el trabajo religioso de guardar el sábado para Cristo, y que podían retener sus diezmos de la tesorería denominacional y colocarlos en "*ministerios independientes*" con impunidad?

Sabemos que cuando Cristo regrese, "muchos dirán: 'Señor, Señor, ¿no hemos profetizado en tu nombre? y en tu nombre hemos echado fuera demonios? y en tu nombre hemos hecho muchas obras maravillosas'".

Y ya conocemos Su respuesta: en tono afligido -cuando ya sea demasiado tarde- "Entonces les declararé: Nunca os conocí; apartaos de Mí, obradores de iniquidad" (Mateo 7:22, 23).

En efecto, "Cualquiera, pues, que quebrante uno de estos mandamientos más pequeños, y así enseñe a los hombres, muy pequeño será llamado en el reino de los cielos" (Mateo 5:19).

¡Dios es especial!

---

[38] Wayne Dull, "Self Supporting Work", ibíd., 18 de septiembre de 1991, p. 11.

Parte 2: Revisión de las declaraciones de Elena G. de White

I. Apropiación Indebida o Retención del Diezmo

En un campamento de una conferencia del suroeste, una mujer me dijo: "Creo que parte del dinero de mi diezmo ha sido utilizado por los dirigentes de la iglesia de una manera que desapruebo totalmente: para ayudar a financiar una acción legal contra un adventista que, según se dice, ha utilizado indebidamente el nombre de la denominación". Y para que no juzgara mal la profundidad de sus sentimientos, me dijo: "¡Ve a decirles a esos líderes de la iglesia de donde vienes que si vuelven a hacer esto, no volverán a ver ni un céntimo de mi diezmo!".

Otro miembro de una iglesia, en un Estado del medio oeste, me llamó para quejarse de que la administración de su conferencia había destinado más de 20.000 dólares del dinero del diezmo a ayudar a establecer una nueva compañía eclesiástica cuyo estilo experimental de culto le repugnaba. Concluyó, con considerable vehemencia: "He terminado de enviar mi diezmo a esos chicos" de la oficina de la conferencia. Se podrían citar otras situaciones similares en todo el mundo.

Problemas en Tiempos de Elena G. de White

Más de uno se ha preguntado en voz alta qué diría Ellen White sobre estas cuestiones si viviera hoy. Afortunadamente, no hace falta que nos lo preguntemos mucho tiempo, pues, como dice el refrán, "Cuanto más cambian las cosas, más permanecen igual".

En tiempos de la Sra. White, la iglesia se enfrentaba a tres problemas en relación con el diezmo y las ofrendas:

- Algunos dirigentes de la sede de la iglesia desviaron fondos confiados a su cuidado. En lugar de destinar los fondos al fin designado por el donante, el dinero se utilizó para otros proyectos de la iglesia.

- En ocasiones, algunos miembros de la iglesia retenían el pago del diezmo, total o parcialmente, utilizándolo para cubrir emergencias personales en casa.

- A veces, los miembros de la iglesia decidían que eran ellos -y no los funcionarios de la conferencia- quienes debían elegir los proyectos en los que gastar su diezmo.

La Sra. White escribió en contra de estas tres irregularidades. Y lo que ella dijo en su día necesita ser dicho de nuevo en nuestros días.

Al repasar los diversos ensayos de la Sra. White sobre el tema, vemos que plantea tres puntos concretos, siempre con su típica franqueza.

1. Dios bendice al Donante

En 1870, Ellen White dijo a los líderes de la iglesia, con respecto a los fondos que habían sido mal aplicados: "Los medios así dedicados no siempre han sido apropiados como lo diseñaron los abnegados donantes. Hombres codiciosos y egoístas, sin espíritu de abnegación ni de sacrificio propio, han manejado infielmente los medios así aportados a la tesorería."[39]

A pesar de esta fechoría, la Sra. White continuó animando a los donantes con estas palabras: "Aquellos abnegados y consagrados que devuelven a Dios las cosas que son suyas, como Él lo requiere de ellos, serán recompensados de acuerdo con sus obras. Aunque los medios así consagrados sean mal aplicados, de modo que no logren el objetivo que el donante tenía en vista -la gloria de Dios y la salvación de las almas-, aquellos que hicieron el sacrificio con sinceridad de alma, con la vista puesta únicamente en la gloria de Dios, no perderán su recompensa".[40]

¡Qué aliento debieron de suponer esas palabras para los miembros de la iglesia cuyo dinero no siempre iba a parar a manos del donante! Afortunadamente, hoy en día es mucho menos probable que nos enfrentemos a una situación similar, porque las políticas denominacionales claras e inequívocas exigen que los fondos se destinen a lo especificado por el donante, y los auditores de la iglesia -a todos los niveles- supervisan estos procedimientos de forma cuidadosa y continua.

¿Significa eso, entonces, que si mis fondos son mal utilizados, no debo quejarme, porque voy a recibir mi bendición de todos modos? No, no según Elena G. de White.

2. Hable con quien corresponda

La Sra. White explicó en detalle el deber que tienen los miembros de la iglesia cuando sienten que sus diezmos y ofrendas se están utilizando indebidamente. Ella aconsejó:

---

[39] Testimonies for the Church 2:518.
[40] Testimonies for the Church 2:518, 519.

"Algunos se han sentido insatisfechos y han dicho: 'Ya no pagaré mi diezmo porque no confío en la forma en que se manejan las cosas en el corazón de la obra'. Pero, ¿vas a robar a Dios porque crees que la gestión de la obra no es correcta?

"Presenta tu queja, clara y abiertamente, con el espíritu correcto, a quienes corresponda. Envía tus peticiones para que las cosas sean ajustadas y puestas en orden; pero no te retires de la obra de Dios, y demuestres ser infiel, porque otros no están haciendo lo correcto."[41]

La Sra. White no aconsejó el silencio al precio de la conveniencia. Después de decirle al miembro de la iglesia que "*presentara su queja*", pasó a especificar cómo debían hacerse tales quejas.

(a) "*Clara y abiertamente*". Sin insinuaciones; sin oscuras insinuaciones de misteriosos males demasiado horribles para ser pronunciados a la luz del día. Nada de "Si supieras lo que yo sé", etc.

(b) "*Con el espíritu adecuado*". La crítica puede ser constructiva o destructiva. Aunque Ellen White nunca sancionó la segunda, aplaudió y recomendó la primera. A menudo el factor clave no es lo que se hace, sino cómo se hace.

(c) "*A los apropiados*". En Mateo 18 Jesús especifica que, cuando tengamos un agravio contra un hermano en la Iglesia, debemos acudir a él a solas para tratar de mejorar la situación. Si esa iniciativa fracasa, debemos ir de nuevo, con uno o dos cristianos más como testigos. Si eso también falla, entonces -y sólo entonces- "*Dilo a la iglesia*" (v. 17).

---

[41] Testimonies for the Church 9:249.

Llamando a esto la "*receta*" de Cristo,[42] La Sra. White dice que debemos seguir este principio "*en todos los casos y bajo todas las circunstancias*".[43] Y, en el proceso, debemos "*no hacer de ello un asunto de comentario y crítica entre nosotros; ni aun después de haberlo dicho a la iglesia, estamos en libertad de repetirlo a otros.*"[44]

Un tal "Hermano D", en 1885, creó un problema en su iglesia al decir clandestinamente a los miembros de la iglesia que "los dirigentes de esta obra son maquinadores, hombres deshonestos, dedicados a engañar a la gente." La Sra. White escribió que la actividad del hermano D no llevaba el sello del cielo. Ella aconsejó un camino mucho mejor. Ella dijo:

"No se ha ajustado a la regla bíblica y consultado con los hermanos dirigentes. . . Que se ponga en pie de igualdad con sus hermanos; si tiene dificultades con ellos en cuanto a su proceder, que muestre dónde está su pecado."[45]

3. El Diezmo no debe Retenerse ni Desviarse

Pero, podemos preguntarnos, ¿no hay circunstancias bajo las cuales los miembros individuales de la iglesia puedan sentirse libres de dispensar su diezmo como les plazca? La respuesta: Elena de White nunca consideró tal opción.

En los días de la Sra. White, algunos adventistas del séptimo día o bien retenían totalmente sus diezmos y ofrendas, o bien desviaban sus diezmos aplicándolos a proyectos de su propia elección. Esto se hacía porque los asuntos de la conferencia, a los ojos de los miembros, se

---

[42] Upward Look, 106.
[43] Upward Look, 136.
[44] Desire of Ages, 441.
[45] Testimonies for the Church 5:289, 290.

administraban incorrectamente, y se pagaba a ministros indignos con el diezmo.

En un artículo titulado "*Los males existentes y su remedio*", la Sra. White escribió, en 1890 lo siguiente:

> "Vosotros que habéis estado reteniendo vuestros medios para la causa de Dios, leed el libro de Malaquías, y ved lo que allí se dice con respecto a los diezmos y las ofrendas. ¿No veis que bajo ninguna circunstancia es mejor retener vuestros diezmos y ofrendas porque no estáis en armonía con todo lo que hacen vuestros hermanos? Los ministros indignos pueden recibir parte de los medios así recaudados; pero, ¿se atreve alguien, por esta causa, a retener del tesoro, y enfrentarse a la maldición de Dios? Yo no me atrevo.
>
> Si los asuntos de la Conferencia no se gestionan según el orden del Señor, ese es el pecado de los descarriados. El Señor no os hará responsables de ello, si hacéis lo posible por corregir el mal. Pero no cometáis pecado vosotros mismos reteniendo de Dios Su propia propiedad."[46]

Casi dos décadas después, las convicciones de Elena White seguían siendo las mismas. Ella escribió, en 1909:

> "Que nadie se sienta en libertad de retener su diezmo, para usarlo según su propio juicio. No deben usarlo para sí mismos en una emergencia, ni aplicarlo como mejor les parezca, ni siquiera en lo que consideren la obra del Señor.
>
> Se me ha dado un mensaje muy claro y definido para nuestro pueblo. Se me pide que les diga que están cometiendo un error al aplicar el diezmo a diversos objetos que, aunque buenos en sí mismos, no son el objetivo al que el Señor ha dicho que debe aplicarse el diezmo."[47]

---

[46] An Appeal to Our Ministers and Conference Committees, 27.
[47] Testimonies for the Church 9:247, 248.

II. La Disposición de Diezmos y Ofrendas Usos Correctos e Incorrectos de los Fondos del Diezmo

¿Cuáles son estos usos que, "*aunque buenos en sí mismos*", no debían sostenerse con el diezmo? Según Elena de White, incluyen:

- El cuidado de los pobres, los enfermos y los ancianos. [48]

- La educación de estudiantes dignos y necesitados. [49]

- Gastos de funcionamiento de las escuelas. [50]

- Salarios y gastos de los evangelistas literarios. [51]

- Los gastos de una iglesia local. [52]

- Edificios de culto o institucionales necesidades, como escuelas, hospitales y editoriales.[53]

En el lado positivo, Elena de White escribió:

"El diezmo es sagrado, reservado por Dios para sí mismo. Debe ser traído a su tesorería para ser usado para sostener a los obreros del evangelio en su trabajo."[54]

Sin dejar ninguna duda en la mente de nadie en cuanto a lo que quería decir, Elena de White nombró las funciones para las

---

[48] Manuscript Releases 3:218; Counsels on Stewardship, 103.
[49] Manuscript Releases 1:193, 194.
[50] Testimonies for the Church 9:248-250.
[51] Ibid.
[52] Counsels on Stewardship, 103; Testimonies for the Church 9:248; Manuscript Releases 1:191.
[53] Manuscript Releases 1:185, 191.
[54] Testimonies for the Church 9:249.

cuales un comité de conferencia podría apropiarse regularmente de los fondos del diezmo. Estas incluyen:

- Salarios y gastos de ministros e instructores bíblicos.[55]

- Salarios y gastos de los profesores de Biblia en nuestras diversas instituciones educativas.[56]

- Salarios y gastos de los ministros-médicos.[57]

- Prestaciones de jubilación para los trabajadores del Evangelio.[58]

- Campos de misión necesitados, en Norteamérica y en el extranjero.[59]

En una época anterior a que la obra mundial de la iglesia estuviera tan bien establecida como lo está hoy, la Sra. White también indicó que en situaciones de emergencia excepcionalmente graves, la conferencia podría utilizar los fondos del diezmo "*para asegurar el más humilde lugar de culto*".[60] Además, aprobó la asignación de algunos fondos del diezmo para ayudar a la empresa autosuficiente que estaban estableciendo los profesores Sutherland y Magan en Madison, Tennessee.[61] Estas excepciones eran sólo eso: *excepciones*. No eran la norma. Su consejo general está expresado tan inequívocamente que nadie tiene por qué malinterpretarlo: "*Se comete un gran error cuando el diezmo se retira del objetivo para el cual debe usarse: el sostenimiento de los ministros*".[62]

---

[55] Evangelism, 492.
[56] Testimonies for the Church 6:215.
[57] Ministry of Healing, 245.
[58] Manuscript Releases 1:189.
[59] Manuscript Releases 1:192.
[60] Manuscript Releases 1:189.
[61] Madison School, 25.
[62] Testimonies for the Church 9:249.

¿Quiénes son los Ministros?

Si el diezmo se destina esencialmente a los salarios y gastos ministeriales, ¿qué se entiende por "ministro"? Se sabe que un ministerio independiente de publicaciones en una conferencia norteamericana ha designado a seis de sus empleados como "ministros". Ninguno de estos "ministros" está reconocido como tal por la conferencia local. Sin embargo, todos ellos (tres representantes de campo, dos trabajadores que operan un ministerio de cassettes y la secretaria de nombramientos) son pagados con los diezmos que, aunque la empresa editorial no solicita activamente, sin embargo acepta a sabiendas y de buen grado.

Los empleados de este ministerio de publicaciones no critican a la Iglesia. Publican tratados por millones y envían su literatura gratuitamente a los países en desarrollo.

¿Son estas seis personas realmente ministros, cualificados para ser pagados con el dinero del diezmo?

En el sentido más amplio, todos los miembros de la iglesia deben ser ministros. La Sra. White escribió: "Usted puede decir: 'Yo no soy ministro, y por lo tanto no puedo predicar la verdad'. Puede que no seas un ministro en el sentido generalmente aceptado de la palabra; puede que nunca seas llamado a estar en el escritorio. Sin embargo, puedes ser un ministro de Cristo. Si tienes los ojos abiertos para ver las oportunidades que se presentan para hablar una palabra a esta alma y a aquella, Dios hablará a través de ti para llevarlas a Cristo".[63]

Así que todos deberíamos ser ministros de Dios. Sin embargo, sugerir que Elena de White aprobaría pagar con el

---
[63] Upward Look, 247.

diezmo a todos los "ministros de Cristo" aunque no sean "ministros en el sentido generalmente aceptado de la palabra" es dar a la palabra "ministro" un significado que ella nunca pretendió.

Para Elena White los ministros en "el sentido generalmente aceptado de la palabra" eran hombres nombrados por la conferencia como ministros licenciados u ordenados. Como se ha señalado anteriormente, también incluyó a las instructoras bíblicas que servían bajo los auspicios de la conferencia como merecedoras del diezmo.

Los evangelistas literarios fueron específicamente excluidos por la Sra. White como elegibles para el apoyo del diezmo. Esto a pesar del hecho de que son comisionados o acreditados por la acción del comité ejecutivo de la conferencia, y a menudo dan más estudios bíblicos en una semana que el pastor local. Si los evangelistas literarios fueron expresamente excluidos de recibir el diezmo, mucho menos podemos hacer un caso legítimo para pagar el diezmo a los ministros autoproclamados en una empresa editorial operada por laicos.

En las casas editoras de la Iglesia Adventista del Séptimo Día, ni un solo empleado, aparte de los editores ordenados ministros, es pagado con los fondos del diezmo. No importa si es un obrero en una fábrica, un representante de campo, o incluso el propio presidente de la casa editora.

El Alfolí

Ahora bien, ¿qué pasa con el "alfolí"? Malaquías cita a Dios instruyendo a Su pueblo a traer todos los diezmos al "alfolí" (Malaquías 3:10).

Una lectura justa de las declaraciones de Elena de White lleva incuestionablemente a la conclusión de que, en su mente, la tesorería de la iglesia era el almacén de Malaquías 3. Ella utilizó las palabras "tesorería" y "almacén" como sinónimos cuando escribió Ella usó las palabras "*tesorería*" y "*almacén*" como sinónimos cuando escribió:

"Si todos los diezmos fueran llevados al almacén, la tesorería de Dios no estaría vacía".[64]

Con respecto a la tesorería de la iglesia, ella declaró:

"Muchos presidentes de conferencias estatales no atienden a lo que es su trabajo: ver que los ancianos y diáconos de las iglesias hagan su trabajo en las iglesias, viendo que se traiga un diezmo fiel a la tesorería".[65]

Una vez más, declaró:

"Si nuestras iglesias adoptan su postura sobre la palabra del Señor y son fieles, pagando su diezmo en Su tesorería, más obreros se animarán a tomar el trabajo ministerial".[66]

Los Adventistas del Séptimo Día sostienen como creencia fundamental que son la iglesia remanente a la que se refiere Apocalipsis 12:17. Son la iglesia militante, no la iglesia triunfante. La iglesia militante está compuesta tanto de trigo como de cizaña, pero sin embargo es la organización visible que Dios está usando para proclamar los mensajes de los tres ángeles hasta los confines de la tierra.

Sólo hay un "almacén" y ese debe ser la propia iglesia organizada. Esto incluye cada conferencia local y unión, así como la Conferencia General. Estos son los tres niveles de la

---

[64] Pacific Union Recorder, 10 de octubre de 1901.
[65] Testimonies to Ministers and Gospel Workers, 305.
[66] Testimonies for the Church 9:249.

iglesia donde los comités debidamente elegidos determinan dónde se pueden gastar mejor los fondos del diezmo.

Es esencial que todas las ramas de la iglesia colaboren estrechamente si queremos cumplir nuestra misión. La Sra. White declara:

"Algunos han adelantado el pensamiento de que, a medida que nos acercamos al fin del tiempo, cada hijo de Dios actuará independientemente de cualquier organización religiosa. Pero el Señor me ha instruido que en esta obra no existe tal cosa como que cada hombre sea independiente. Las estrellas del cielo están todas bajo su ley, cada una influenciando a la otra para hacer la voluntad de Dios, rindiendo su común obediencia a la ley que controla su acción. Y, para que la obra del Señor avance sana y sólidamente, su pueblo debe unirse."[67]

No nos estamos uniendo cuando competimos unos con otros por el diezmo. Tal práctica sólo puede conducir a una fractura de nuestra unidad, y en última instancia, a una casa completamente dividida.

Ofrendas

Después, ¿qué pasa con las ofrendas? Antiguamente, Dios acusaba a Su pueblo de robarle en dos categorías financieras: "*diezmos*" y "*ofrendas*" (Malaquías 3:8). Significativamente, Él instruye a Su pueblo a traer todos los diezmos al depósito, pero no necesariamente todas las ofrendas. En el manejo de nuestras ofrendas Dios nos permite una medida de discreción no permitida en el manejo del diezmo. Él nos permite decidir cuánto daremos, y cómo y dónde colocaremos nuestras ofrendas.

---
[67] Testimonies for the Church 9:257, 258.

El diezmo se especifica como el diez por ciento de nuestro "*ingreso*" (Levítico 27:32; Deuteronomio 14:22), que todos están obligados a pagar. Sin embargo, cuando se trata de ofrendas voluntarias, cada persona debe dar "*como pueda*", y según la "*bendición del Señor tu Dios que te ha dado*". (Deuteronomio 16:17).

Nuestras ofrendas pueden destinarse a una o varias de las numerosas actividades importantes, como los gastos de funcionamiento de la iglesia local y la escuela de la iglesia, los proyectos especiales de la conferencia local, el presupuesto mundial, nuestras diversas instituciones educativas, los ministerios de radio y televisión, la ayuda en casos de catástrofe y hambruna, y el servicio a la comunidad. Estas ofrendas pueden canalizarse a través del tesorero de la iglesia local, o darse directamente a la causa o agencia seleccionada.

Cuando Elena White escribió a su hijo Edson que "*el Señor no ha especificado ningún canal regular por el que deban pasar los medios*", se refería a las ofrendas, no al diezmo, como deja claro el párrafo inmediatamente anterior de su carta: *"Hay quienes tienen medios y darán, algunas pequeñas sumas y otras grandes… directamente a vuestra parte indigente de la viña" en el Sur."* [68]

Obsérvese, asimismo, el consejo en su carta a los dirigentes de la Conferencia General en 1908, cuando la empresa de Madison estaba aún en sus primeras etapas:

> "El Señor obra a través de diversas agencias. Si hay quienes desean entrar en nuevos campos y emprender nuevas líneas de trabajo, aliéntenlos a hacerlo… . . No se preocupen de que algunos medios vayan directamente a los

---

[68] Ellen G. White Carta 136, 14 de agosto de 1898; Se cita una variante en la Colección Spalding-Magan, p. 498.

que están tratando de hacer la obra misionera de una manera tranquila y eficaz. Todos los medios no deben ser manejados por una sola agencia u organización."[69]

Las restricciones impuestas al diezmo no se ven aquí. Las ofrendas pueden entregarse directamente a un proyecto misionero designado, mientras que los diezmos se devuelven al Señor a través de la organización eclesiástica.

Un pensamiento similar se expresa en la carta de la Sra. White al presidente de la Conferencia General, O. A. Olsen: *"Dios no le impone la carga de preguntar a la Conferencia, o a cualquier consejo de hombres, si debe usar sus medios como crea conveniente para hacer avanzar la obra de Dios."*[70]

W. C. White aclaró más tarde el significado de la declaración de su madre a O. A. Olsen indicando que la frase "sus medios" podría haberse traducido más exactamente como *"medios confiados a su cuidado"*.[71]

---

[69] Ellen G. White Carta 32, 6 de enero de 1908; citada en la Colección Spalding-Magan, p.421.
[70] Ellen G. White Carta 54, 1895, p. 19.
[71] Ver The Ellen G. White 1888 Materials, 1444, para una fotocopia de la interlínea de W. C. White en la p. 20 de la Carta 55, 1895.

III. La Carta de Watson

Pasemos ahora a la "*carta de Watson*", pues en ella nos enteramos de que, en ocasiones, Elena White daba parte de su diezmo directamente a un proyecto o persona designados.

"Durante la mayor parte del tiempo desde mi conexión con el negocio de mi Madre en 1881, se ha pagado un diezmo completo de su salario al tesorero de la iglesia o de la conferencia".[72] Así escribió W. C. White, hijo de Elena de White, al final de su vida. Sin embargo, había algunas excepciones a esta regla. A veces, la Sra. White daba una parte de sus diezmos directamente a los ministros adventistas que se encontraban en apuros económicos. ¿Por qué hizo esto, cuando su consejo constante a los demás era que devolvieran su diezmo a través de la tesorería de la iglesia?

La Obra Especial de Elena White

Arthur L. White, nieto de Elena White, expone el cuadro completo en su biografía de la profeta.[73] Los hechos básicos son los siguientes: Parte de la comisión divina de la Sra. White se refería a satisfacer las necesidades de los ministros ancianos que ya no podían trabajar y recibir un salario. Ella afirma:

> "Se me encomendó que no descuidara ni pasara por alto a los que estaban siendo agraviados… Si veo que quienes ocupan puestos de confianza descuidan a ministros ancianos,

---

[72] Citado por Arthur L. White en Ellen G. White: The Early Elmshaven Years, 1900-1905, pág. 393.
[73] Ibídem, pp. 389-397.

debo presentar el asunto a quienes tienen el deber de cuidar de ellos. Los ministros que han hecho fielmente su trabajo no deben ser olvidados o descuidados cuando se han debilitado en salud."[74]

Esas palabras fueron escritas en 1906, cinco años antes de que la Iglesia instituyera un plan de pensiones para los jubilados de la confesión, y mucho antes de que el gobierno de Estados Unidos previera una pensión para los jubilados estadounidenses con la Ley de Seguro Social de 1935.

Hoy en día, los trabajadores eclesiásticos, no sólo en Estados Unidos sino también en muchos otros países, pueden vivir en la jubilación al menos con cierta comodidad gracias a los ingresos combinados de sus pensiones eclesiásticas y gubernamentales. Pero antes de 1911, cuando un ministro se jubilaba, cesaban sus ingresos. Algunos quedaban entonces en la indigencia. Y había algunos que estaban en la indigencia incluso antes de jubilarse.

Cuando se señalaban a la atención de la Sra. White casos agudos de trabajadores empobrecidos, primero se ponía en contacto con los funcionarios de la conferencia. A menudo esto era suficiente y la ayuda llegaba. Pero de vez en cuando surgían problemas, sobre todo en los estados del sur, donde los fondos de funcionamiento eran siempre escasos, y a veces casi inexistentes. En tales casos, la Sra. White intervenía, utilizando una parte de su propio diezmo y, en ocasiones, los diezmos que otros miembros de la iglesia le entregaban.

Durante muchos años, Elena White llevó una carga extraordinaria por la obra en el Sur. Su hijo, J. Edson White, compartió esta carga. Con la bendición de la administración de

---

[74] Selected Messages 1:33.

la Conferencia General, Edson fundó la Sociedad Misionera del Sur en 1895. Esta Sociedad fomentó la obra principalmente entre los afroamericanos de los estados del sur. En ocasiones, la Sra. White hizo llamamientos privados a los miembros de la iglesia para que ayudaran a esta obra luchadora, necesitada y digna.

Dinero que no llegó a su Destino

Durante los primeros seis meses de 1896 la Asociación Internacional de Escuela Sabática recaudó 10.878 dólares -una suma enorme en aquellos días- para la "*obra del Sur*".[75] Vergonzosamente, estos fondos nunca llegaron a su destino. Al principio, el dinero fue depositado en fideicomiso por la Pacific Press. Parece que la Pacific Press decidió quedarse con el dinero de forma permanente en lugar de una cantidad similar que la Conferencia General le debía a la Prensa. Al parecer, la dirección de la Pacific Press esperaba que la Conferencia General, a su vez, destinara una suma igual a la Southern Missionary Society. Pero esto no se hizo, ya que las arcas de la Conferencia General estaban vacías o casi vacías.

Este desafortunado incidente tuvo lugar 18 años antes de la creación del Servicio de Auditoría de la Conferencia General en 1914. En la actualidad, todos los fondos de la Iglesia, y sus depositarios, son objeto de un seguimiento estrecho y regular a todos los niveles para reducir al mínimo posible la incidencia de la mala gestión.

El Incidente de Colorado

En 1904, cuando las condiciones en el Sur se agravaban, W. O. Palmer, un representante de campo de la Sociedad

---
[75] Ronald Graybill, Mission to Black America, pp. 107, 108.

Misionera del Sur, fue a Colorado para solicitar fondos entre las iglesias. Una congregación contribuyó con unos 400 dólares, parte de los cuales eran diezmos. Todo el procedimiento era ciertamente irregular. La Conferencia de Colorado vio el acto como incorrecto y censurable. Y su presidente estaba preparado para tratar con severidad al desafortunado y errante intruso en su viña.

El 22 de enero de 1905, Ellen White, entonces de visita en Mountain View, California, se enteró de los detalles y escribió lo que ahora se conoce como la "*carta Watson*".

Esta carta es utilizada hoy en día por varios ministerios independientes para justificar su solicitud y aceptación de fondos del diezmo de sus correligionarios. A veces se publican extractos, pero no siempre se ha reproducido el documento completo, por razones que rápidamente se hacen evidentes.

Por ejemplo, una versión editada de la carta ha sido distribuida por un ministerio independiente con una supresión significativa: "*No aconsejaría a nadie que tuviera por costumbre recoger el dinero del diezmo*".

La carta era corta para los estándares de Elena White: sólo siete párrafos. La reproducimos aquí en su totalidad:

La Carta de Watson

Hermano mío, quiero decirte que tengas cuidado con lo que haces. No te estás moviendo sabiamente. Cuanto menos tengas que hablar del diezmo que se ha destinado al campo más necesitado y más desalentador del mundo, más sensato serás.

Durante años se me ha presentado que yo debía destinar mi diezmo a ayudar a los ministros blancos y de color que estaban desatendidos y no recibían lo suficiente para mantener a sus familias. Cuando se me llamaba la atención sobre ministros ancianos, blancos o negros, era mi deber especial investigar sus necesidades y suplirlas. Este debía ser mi trabajo especial, y lo he hecho en varios casos. Nadie debe dar notoriedad al hecho de que en casos especiales el diezmo se usa de esa manera.

Con respecto a la obra de la gente de color en el Sur, ese campo ha sido y sigue siendo despojado de los medios que deberían llegar a los obreros de ese campo. Si ha habido casos en que nuestras hermanas se han apropiado de su diezmo para el sostenimiento de los ministros que trabajan para la gente de color en el Sur, que cada uno, si es sabio, calle.

Yo mismo he destinado mi diezmo a los casos más necesitados de los que he tenido noticia. He recibido instrucciones de hacer esto; y como el dinero no se retiene del tesoro del Señor, no es un asunto que deba comentarse, pues necesitaría que yo diera a conocer estos asuntos, cosa que no deseo hacer, porque no es lo mejor.

Algunos casos han estado ante mí durante años, y he suplido sus necesidades con el diezmo, como Dios me instruyó que hiciera. Y si alguna persona me dijera: Hermana White, ¿destinará mi diezmo donde usted sabe que es más necesario?, yo diría: Sí, lo haré; y así lo he hecho. Elogio a aquellas hermanas que han colocado su diezmo donde es más necesario para ayudar a hacer un trabajo que se está dejando de hacer, y si se da publicidad a este asunto, se creará un conocimiento que sería mejor dejar como está. No me interesa dar publicidad a esta obra que el Señor me ha encomendado a mí y a otros.

Le envío este asunto para que no se equivoque. Las circunstancias alteran los casos. Yo no aconsejaría a nadie que hiciera la práctica de acumular el dinero del diezmo. Pero durante años ha habido de vez en cuando personas que han perdido la confianza en la apropiación del diezmo y han puesto su diezmo en mis manos, y han dicho que si yo no lo tomaba ellos mismos se lo apropiarían a las familias de los ministros más necesitados que pudieran encontrar. He tomado el dinero, les he dado un recibo por él y les he dicho cómo se lo había asignado.

Os escribo esto para que os mantengáis tranquilos y no os agitéis ni deis publicidad a este asunto, no sea que muchos más sigan su ejemplo.[76]

Saquemos aquí algunas conclusiones de este incidente insólito en la historia de nuestra denominación:

1. Elena White recibió instrucciones directas de Dios de ayudar a ciertos ministros pobres, blancos y negros.

2. La primera tarea de Elena White fue notificar a la Conferencia de las necesidades existentes. Sólo en el caso de que no respondieran, ella intervino con ayuda de emergencia.

3. El dinero así desembolsado se utilizaba para los gastos de manutención de los trabajadores indigentes, no para los gastos de funcionamiento de las instituciones, la publicación de literatura, etc.

4. La situación financiera anterior a 1911 no existe hoy en Estados Unidos ni en muchas otras partes del mundo. Ahora existen planes de pensiones que no existían cuando ella escribió esta carta.

5. En cada párrafo de su carta hay al menos una frase en la que insta explícitamente el hermano Watson a guardar silencio sobre la situación. Este era su trabajo especial, no el trabajo especial de otros. Si todos siguieran su ejemplo, la

---

[76] Citado por Arthur L. White en Ellen G. White : The Early Elmshaven Years, 1900-1905, pp. 395, 396.

estructura financiera de la iglesia se vería sustancialmente dañada.

6. Los ministerios independientes que hacen circular esta carta para sus propios fines personales, con el fin de justificar la solicitud y/o aceptación de fondos del diezmo de sus compañeros miembros de la iglesia ASD, están haciendo exactamente lo que el hermano Watson hizo que Elena White dijo que no hiciera.

7. El dinero "*no se retenía del tesoro del Señor*" en el sentido de que se aplicaba a los ministros reconocidos por la denominación.

El Apoyo de Elena White sólo a causas Reconocidas

Por lo que indican los registros existentes, todos los fondos del diezmo que pasaron por las manos de la Sra. White hacia el cambio de siglo fueron entregados a una agencia reconocida de la Iglesia Adventista del Séptimo Día -en este caso la Sociedad Misionera del Sur- o a obreros patrocinados o respaldados por los dirigentes de la iglesia. No se sabe de ninguno de los diezmos de Elena White fuera a parar a una agencia independiente o a un obrero autónomo que no estuviera bajo la sombrilla directa de la iglesia.

Aunque la Sociedad Misionera del Sur era, para todos los propósitos prácticos, una organización autosuficiente, fue fundada y continuó funcionando "*bajo la instrucción de, y llevando las credenciales de, la Conferencia General.*"[77] Al dar una parte de su diezmo a la Sociedad Misionera del Sur, Elena

---

[77] "James Edson White", Enciclopedia Adventista del Séptimo Día, ed. 1976, p. 1598; "Southern Missionary Society", ibíd., p. 1396.

de White estaba dando a una empresa aprobada oficialmente por la Conferencia General.

El Trabajo y las Luchas de la Sociedad

La mayor parte del trabajo de la Sociedad consistía en la creación y mantenimiento de escuelas misioneras y la publicación de literatura especialmente adaptada al campo sureño. Sin embargo, la Sociedad también llevó a cabo otras líneas de evangelización entre caucásicos y afroamericanos, y apoyó a varios ministros blancos y negros. Sólo recibía una asignación simbólica de los fondos de la iglesia. [78]

En la reorganización de la denominación en la Sesión de la Conferencia General de 1901, se creó la Conferencia de la Unión del Sur, y la Sociedad Misionera del Sur se convirtió en una rama de la Unión del Sur. Dado que la Unión del Sur no era autosuficiente desde su creación, no pudo proporcionar un apoyo significativo a la Sociedad. La adopción de esta última significó poco más que *"apoyo moral y cooperación adicionales."*[79]

El Dinero de Colorado

El hermano William C. White, hijo de Elena de White y hermano menor de la fundadora de la Sociedad Misionera del Sur, recordó más tarde en relación con los fondos del diezmo enviados a la Sociedad desde Colorado: *"El dinero se depositó en la tesorería de la Sociedad Misionera del Sur y se pagó de manera regular y económica a los obreros aprobados que*

---

[78] Arthur L. White, "Mrs. Ellen G. White and the Tithe", en "The History and Use of the Tithe", documento inédito, Ellen G. White Estate, revisado en febrero de 1990, p. 30.
[79] "Sociedad Misionera del Sur", Enciclopedia Adventista del Séptimo Día, ed. 1976, p. 1397.

estaban comprometidos en el trabajo denominacional regular."[80]

Cuando la cuestión del diezmo en Colorado continuó siendo agitada vigorosamente por el hermano Watson, el presidente de la Asociación General Arthur G. Daniells escribió a Edson para pedirle su versión de la historia. En una respuesta de ocho páginas, Edson mencionó varios hechos interesantes relacionados con el funcionamiento de la Sociedad Misionera del Sur, que ya era parte integral de la iglesia:

"Los obreros blancos del Sur son pagados con el diezmo, pero durante varios años la Sociedad Misionera del Sur ha apoyado de dos a cinco ministros ordenados entre la gente de color, y este apoyo ha sido procedente de los donativos recibidos, pero las conferencias no han permitido que el diezmo se destine a su sostenimiento.

Algunas personas han puesto su diezmo en manos de mamá y ella lo ha remitido a nuestra Sociedad, con prontitud, para ayudar a pagar la nómina de los ministros. Recientemente tres hermanas de Colorado han enviado su diezmo para pagar a los ministros de color del Sur. El Presidente de la Conferencia de Colorado creó un gran alboroto al respecto. El hno. Palmer nunca pidió a un individuo que pagara el diezmo, y ciertamente no pidió a la iglesia que pagara su diezmo.

Llevamos una cuenta separada de las pequeñas sumas de diezmos que nos llegan de esta manera y las aplicamos íntegramente a pagar a los ministros que trabajan para la gente de color."[81]

---

[80] Citado por Arthur L. White en Ellen G. White: The Early Elmshaven Years, 1900-1905, p. 394.
[81] Carta de J. Edson White a Arthur G. Daniells, 26 de marzo de 1905.

Edson expresó su preocupación por si los diezmos debían llegar a su organización, pero como la hermandad de conferencias de la Unión del Sur se negaba a ayudar -ya fuera por sus propias dificultades económicas o por diversos prejuicios-, decidió aceptarlos cuando se los ofrecieran. Continuó: *"Había rechazado muchas veces diezmos que me habían ofrecido, y sentí que debía conocer mi terreno. Sabía que el dinero se utilizaría para pagar a los ministros allí donde se nos negaba su paga con el diezmo de todos los demás lugares, pero si teníamos derecho a tomarlo era una cuestión."*[82]

El Sistema de Distribución del Diezmo

La obra mundial de la Iglesia Adventista del Séptimo Día se ve hoy en peligro cuando se altera de alguna manera el sistema de distribución del diezmo. Cada Asociación recauda el diezmo de sus iglesias constituyentes, retiene una cantidad específica, establecida por norma, para cubrir las necesidades de gastos ministeriales locales, y envía el resto a la Unión y a la Asociación General. De este modo, se pueden cubrir las necesidades en otros campos menos prósperos del mundo.

Si los miembros de la Iglesia Adventista del Séptimo Día desvían sus diezmos, incluso a proyectos dignos de diezmo en casa o en el extranjero, la reserva básica para financiar nuestra obra mundial estará en peligro. Era esta misma situación la que Elena White tenía en mente cuando, en 1890, amonestó a los miembros y líderes de nuestra iglesia: *"Hermanos, no seáis infieles en vuestra suerte. Permaneced en vuestro lugar. No, por vuestra negligencia en el deber, aumentéis nuestras dificultades financieras."*[83]

---

[82] Ibid.
[83] An Appeal to Our Ministers and Conference Committees, 27, 28.

En 1911, el mismo año en que la denominación instituyó su plan de jubilación, se le preguntó a Elena White si estaba dispuesta a seguir recibiendo directamente el diezmo de los miembros de la iglesia. Ya no había presión, la necesidad original era prácticamente inexistente. Su respuesta es tan útil ahora como lo fue entonces.

Ella escribió:

"Usted me pregunta si aceptaré el diezmo de usted y lo utilizaré en la causa de Dios donde más se necesite. En respuesta le diré que no me negaré a hacerlo, pero al mismo tiempo le diré que hay una manera mejor. Es mejor poner la confianza en los ministros de la conferencia donde vives, y en los oficiales de la iglesia donde adoras. Acercaos a vuestros hermanos."[84]

En el espíritu del apóstol Pablo, que escribió a la iglesia de Corinto: "Sin embargo, os muestro un camino más excelente" (1 Corintios 12:31), Elena White instó a sus compañeros miembros de la iglesia a seguir el plan que mejor satisfaga las necesidades mundiales totales de la iglesia, para minimizar las carencias y sus trágicas consecuencias. Sigamos lo que Elena de White llamó *"un camino mejor."* Pronto la iglesia militante dará paso a la iglesia triunfante. En ese día todos los que ahora son fieles seguramente se alegrarán de haber seguido todo el consejo del Señor.

---

[84] Manuscript Releases 1:196.

Libritos Misioneros y Libros Nuevos disponibles:

1. Hijo, Vuelve a Casa. ($1.00c/u) (Caja 100: $65).
2. Principios de Salud ($1.00c/u) (Caja 100: $65).
3. ¿Qué haré para heredar la Vida Eterna? ($1.00c/u) (Caja 100: $65).
4. Un Salvador os ha Nacido. ($1.00c/u) (Caja 100: $65).
5. El Mensaje del Evangelio. ($1.00c/u) (Caja 100: $65).
6. Curando la Mente—Adios Depresión. ($1.00c/u) (Caja 100: $65).
7. La Última Semana de Jesús. ($1.00c/u) (Caja 100: $65).
8. Promesas de Dios. ($1.00c/u) (Caja 100: $65).
9. Los Nombres de Dios. ($1.00c/u) (Caja 100: $65).
10. Diabetes: ¿Cómo tratarlo? ($1.00c/u) (Caja 100: $65).
11. La Ley y el Evangelio, Ellet J. Waggoner.
12. Recibe el Espíritu Santo, Alonzo T. Jones.
13. La Última Semana, Pr. José García.

¡¡¡¡¡¡MÁS VENDRÁN EN CAMINO!!!!!!

RECUERDE QUE TENEMOS UN CATÁLOGO DE LIBROS

QUE PUEDE SOLICITAR PONIÉNDOSE EN CONTACTO CON NOSOTROS EN LA SIGUIENTE DIRECCIÓN DE CORREO ELECTRÓNICO

*Si desea obtener descuentos, sólo podrá ser en un pedido conjunto mínimo de 25 libros o más, ya sean ejemplares sueltos de diferentes libros o al por mayor. Póngase en contacto con nosotros en nuestra dirección de correo electrónico:

lsdistribution07@gmail.com

www.ingramcontent.com/pod-product-compliance
Lightning Source LLC
LaVergne TN
LVHW051921060526
838201LV00060B/4119